Melanie Roan, Marion Taylor
Illustrationen von Martha Hardy

Aktivitätenheft für die frühkindliche Bildung

Was hängt da an der Wäscheleine?

1. Auflage

Bestellnummer 50364

Bildungsverlag EINS

Haben Sie Anregungen oder Kritikpunkte zu diesem Buch?
Dann senden Sie eine E-Mail an BV50364@bv-1.de
Autoren und Verlag freuen sich auf Ihre Rückmeldung.

Sie finden uns im Internet unter:
www.bildungsverlag1.de
www.bildung-von-anfang-an.de

Bildungsverlag EINS
Sieglarer Straße 2, 53842 Troisdorf

ISBN 978-3-427-**50364**-4

Übersetzung aus dem Englischen: Ursula Iken
Bearbeitung: Bettina Klopsch
Umschlagfoto: mauritius images/Polka dot images

Inhalt

Einleitung 4
Was sollen wir heute tun? 12
Wie ziehe ich das an? 14
Die Geschichte von Alice im Wunderland 16
Kleider machen Leute 18
Verstehen, worum es geht! 20
W steht für Wäscheleine 22
Wir reimen! 24
Ein Wort bauen 26
Spielzeuge, die ich gerne mag 28
Wo ist mein Paar? 30
Sein eigenes Süppchen kochen 32
Was soll ich nehmen? 34
Flagge zeigen 36
Zehn weiße Socken 38
Darauf kannst du zählen! 40
Das heutige Thema lautet 42
Handliche Handschuhe 44
Auf die Größe kommt es an! 46
Nass, nass, nass! 48
Ich denke an jemanden 50
Sing den Tag, sing das Wetter 52
Die Straßen der Stadt hinauf und hinab 54
Chinesischer Drachen 56
Rätselhafte Fenster 58
Topmodisch 60
Stoffuspokus Simsalabim! 62
Weihnachtsgruß 64
Zählen bis Weihnachten 66
Kreative Wäscheleinen 68
Kreisel 69
Materialien 70

Einleitung

Dieses Aktivitätenheft hat zum Ziel, spannende Möglichkeiten für die Verwendung von Wäscheleinen vorzustellen, um das Lernen in jedem Bildungsbereich zu fördern. Wir hoffen, dass dieser einfache Haushaltsgegenstand in Ihrer Einrichtung zu einem ebenso grundlegenden Hilfsmittel wird wie bei Ihnen zu Hause.

Wäscheleinen und die frühkindliche Bildung

Das kindliche Lernen wird am besten durch Projekte gefördert, bei denen die Kinder die Möglichkeit haben, sich sowohl mit Aktivitäten zu befassen, die geplant und von Erwachsenen angeleitet werden, als auch mit solchen, die sie selbst initiieren können.

Die Aktivitäten in diesem Buch sind sorgfältig strukturiert, um der gesamten Alters- und Entwicklungsspanne im Kindergartenalter gerecht zu werden. Sie werden feststellen, dass jede Aktivität sowohl eine Phase der Erprobung und des freien Spiels hat als auch Elemente, die von Erwachsenen unterstützt werden. Einige Aktivitäten sind dahingehend erweitert worden, dass sie über Phasen verfügen, die von Erwachsenen angeleitet werden – viele davon sind am ehesten für Kinder geeignet, die bald in die Schule kommen.

Ein Kernprinzip der „Aktivitätenhefte für die frühkindliche Bildung" besteht darin, die Kinder anzuregen, so unabhängig wie möglich zu sein und ihnen immer wieder die Gelegenheit zu geben, Ideen, Materialien und Hilfsmittel in freien oder geleiteten Situationen zu erproben, ehe sie für Aktivitäten verwendet werden, die von Erwachsenen angeleitet werden. Wenn Sie mit jüngeren Kindern im Kindergartenalter arbeiten, dann werden Sie die erprobenden, unabhängigen Aktivitäten in Ihrer Gruppe für besser geeignet halten und die stärker angeleiteten Aktivitäten vielleicht auf später verschieben wollen. Nutzen Sie Ihr Urteilsvermögen – Sie kennen die Kinder am besten.

Warum Wäscheleinen?

Wäscheleinen sind wertvolle Hilfsmittel für Kinder im Kindergartenalter, denn:

- Das Aufhängen von Materialien mit Wäscheklammern trainiert die Grob- und Feinmotorik in Verbindung mit der Fähigkeit des Denkens und bildet entscheidende neuronale Verbindungen im Gehirn.
- Bestimmte Materialien können an der Wäscheleine deutlich sichtbar auf Augenhöhe präsentiert werden. Materialien können schnell ergänzt und weggenommen werden (sowohl von den Erzieherinnen und Erziehern als auch von den Kindern), sodass die Wäscheleine ein technisch wenig aufwendiges und interaktives Hilfsmittel darstellt.
- Eine Wäscheleine kann von den Kindern selbstständig oder mit Erwachsenen zusammen verwendet werden, um schnell und einfach eigene Präsentationen mit sofortiger Wirkung zu erstellen.
- Die Wäscheleine ist außerordentlich flexibel, Materialien können für die Verwendung mit Kindern unterschiedlicher Altersstufen und unterschiedlicher Bedürfnisse angepasst werden. Sie lassen sich leicht an die unterschiedlichen Themen aus dem gesamten Bildungsspektrum anpassen.
- Wäscheleinen sind günstig und leicht selbst herzustellen. Sie sind aber auch im Handel erhältlich. Sie können dauerhaft oder temporär installiert werden, sowohl im Haus als auch draußen, und sie können entsprechend den Bedürfnissen Ihrer Arbeit und Ihrer Einrichtung installiert werden.
- Weil die aufgehängten Materialien flexibel sind und leicht entfernt werden können, haben Kinder womöglich weniger Scheu beim Problemlösen oder Experimentieren.
- Die Wäscheleinen sind ein nützliches Hilfsmittel, um vor dem Lesenlernen die Fähigkeit der Links-rechts-Orientierung zu fördern. Fangen Sie immer am linken Ende der Wäscheleine an, die Materialien festzuklammern.

Wäscheleinen und Kompetenzentwicklung

Die Aktivitäten mit Wäscheleinen in diesem Buch umfassen alle Bereiche der frühkindlichen Bildung:

- Persönliche und Soziale Erziehung
- Kommunikation, Sprache und Lesefähigkeit
- Mathematische Entwicklung
- Kennen und Verstehen der Welt
- Musisch-kreative Entwicklung
- Körperliche Entwicklung

Sie finden, neben den Aktivitäten, auf jeder Doppelseite auch relevante Ziele und Schritte.

Die Wäscheleine installieren

Es gibt unterschiedliche Typen von Wäscheleinen, die unterschiedlichen Gruppen und Einrichtungen dienen können. Ehe Sie die Wäscheleine aufstellen, sollten Sie über folgende Fragen nachdenken:

- Kann die Wäscheleine dauerhaft eingerichtet werden oder muss sie jeden Tag auf- und wieder abgebaut werden?
- Wo kann sie so platziert werden, dass sich eine Gruppe von Kindern davor versammeln kann?
- Muss die Höhe der Wäscheleine auf unterschiedliche Aktivitäten der Kinder angepasst werden können?
- Muss auch die Rückseite der Wäscheleine zugänglich sein?
- Wo ist ein sicherer Platz für die Wäscheleine, an dem sie nicht stört?
- Ist es sinnvoll, mehr als eine Wäscheleine zu haben?

Verschiedene Arten von Wäscheleinen: Befestigungen

Gesundheits- und Sicherheitshinweise: Die folgenden Vorschläge für die Aufhängung von Wäscheleinen sind sorgfältig erprobt worden. Dennoch raten wir zur Vorsicht, wenn Sie selbst gemachte Wäscheleinen und Halter verwenden. Prüfen Sie immer die Festigkeit der Halterung und stellen Sie sicher, dass Sie die Leine dort platzieren, wo die Kinder nicht hineinlaufen können. Gestalten Sie die Wäscheleine deutlich sichtbar, am besten in einer leuchtenden Farbe, und knoten Sie beide Enden sicher fest. Sprechen Sie mit den Kindern über sicheres Verhalten in der Nähe der Leine.

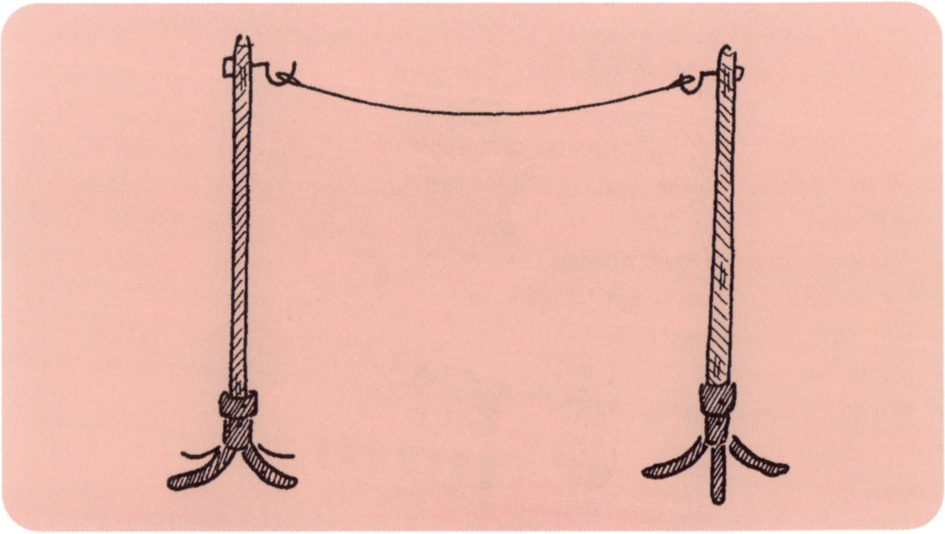

1. Die einfachste Art, eine Wäscheleine zu verwenden, ist, zwei Haken in die Seiten eines Holzfensterrahmens oder in zwei senkrechte Wände zu schrauben und jeweils ein Ende der Wäscheleine daran zu befestigen.
   Selbst in Einrichtungen, die von verschiedenen, unterschiedlichen Gruppen genutzt werden, lohnt es sich herauszufinden, ob diese kleinen und nicht störenden Befestigungen dauerhaft installiert werden können.

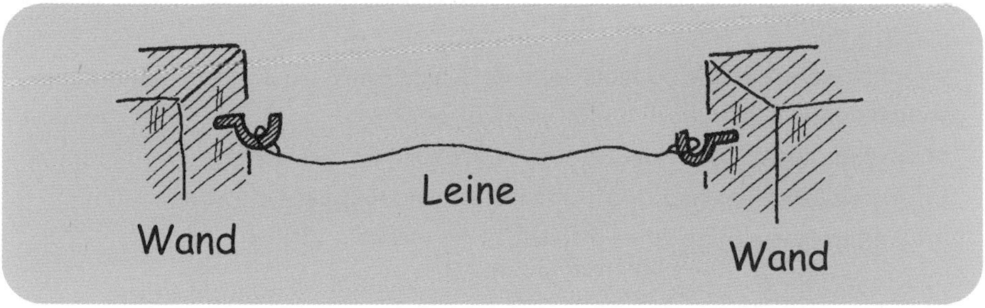

2. Die meisten Einrichtungen haben einen Lagerraum, in dem Platz für eine tragbare Wäscheleine ist, die am Ende jeder Stunde wieder weggepackt werden kann. Ein Vorteil davon ist, dass man die Länge der Wäscheleine entsprechend der Aktivität variieren kann.
   Für den Handel produzierte Ständer und Masten geben nützliche Halter ab. Diese lassen sich über Anbieter von pädagogischen Materialien beziehen. Ergänzen Sie nur noch Wäscheleine und Wäscheklammern.

3. Sie können auch ihre eigenen Standfüße und Masten aus Sonnenschirmständern und Besenstielen bauen. Beides findet man in Baumärkten und Gartencentern. Am Ende des Sommers können Sie auch nach Ausverkaufsartikeln Ausschau halten.
   Prüfen Sie beim Kauf, ob der Besenstiel in die Sonnenschirmfüße hineinpasst. Der Besenstiel sollte ziemlich stramm sitzen. Füllen Sie so viel Sand in die Sonnenschirmständer, dass diese stabil stehen. Stecken Sie dann den Besenstiel hinein und überlegen Sie sich, wie hoch die Wäscheleine hängen soll. Bedenken Sie dabei – neben der Körpergröße der Kinder –, wie gut die Materialien zu sehen sind. Vielleicht brauchen Sie mehr als eine Höhe, sodass die Kinder auf Stühlen und auf dem Boden sitzen oder stehen können. Schrauben Sie in unterschiedlichen Höhen paarweise Haken in den Besenstiel, sodass die Wäscheleine verstellbar ist. Ein zusätzlicher Haken an der Außenseite des Besenstiels ist sinnvoll, um daran Zubehör, Taschen, Briefumschläge mit Karten usw. aufhängen zu können.

4. Eine alternative Lösung (für die es einer winterlichen Einkaufstour bedarf) ist der Kauf von zwei schweren Christbaumständern und Plastikrohren mit einem Durchmesser von fünf Zentimeter für die Masten. Auch in diese können die Haken leicht in der benötigten Höhe hineingeschraubt werden, wenn man einen Handbohrer verwendet.

5. Sehen Sie sich in einem Eisenwarenladen oder Baumarkt um und Sie entdecken vielleicht noch weitere Lösungen. So kann man z. B. die Aufhängungen von kleinen, halbrunden Regenrohren umdrehen, sie an den Enden mit starkem Panzerband versiegeln und sie dann mit den passenden Plastikspangen auf einer stabilen Grundplatte aus Holz befestigen. Abflussrohre geben auch exzellente Ständer ab und können an ihrem Standort einzementiert werden.

Wäscheleinen auf der Tischfläche

Einige im Handel erhältliche Spiele verwenden kleine Wäscheleinen, die auf den Tisch gestellt werden und die mit Wäscheklammern und Bildersets oder Bildkarten geliefert werden. Sie können ihre eigene Miniwäscheleine sehr günstig aus Rundhölzern (ungefähr 25 cm lang), die in Tonfüße oder Salzteig gesteckt werden, bauen.
Schrauben Sie Metallhaken in das obere Ende der Rundhölzer oder verwenden Sie Panzerband, um Haushaltsschnüre daran zu befestigen. Verwenden Sie Miniwäscheklammern, entweder aus Plastik oder aus Holz. Viele der Aktivitäten in diesem Buch können so angepasst werden, dass sie von zwei oder drei Kindern im kleinen Rahmen durchgeführt werden können. Das Aufhängen und Abhängen beim Spiel wird ihnen Freude machen. Sie können eine Miniwäscheleine auch in Ihrer Puppenecke einrichten.

Wäscheklammern, Schnüre und Zubehör

1. Es ist gut, eine Auswahl an Wäscheklammern für unterschiedliche Aktivitäten zu haben. Verwenden Sie robuste Klammern und halten Sie Ausschau nach solchen Klammern, die vollständig aus Plastik bestehen, ohne Metallfeder.
2. Prüfen Sie, wie gut sich die Klammern zusammendrücken lassen, ehe Sie sie kaufen. Einige sind für kleine Hände sehr schwer zu handhaben. Einteilige, biegsame Wäscheklammern sind in der Regel leichter zu verwenden als die zweibeinigen mit Feder. Denken Sie daran, dass Sie geeignete Wäscheklammern in unterschiedlichen Farben und Größen auch von Anbietern von pädagogischen Materialien kaufen können.
3. Während sich die Kinder an das Festklammern gewöhnen, können Sie die zu drückenden Enden der Klammern mit Aufklebern oder Stiften markieren.
4. Neue Formen und dekorierte Wäscheklammern sind oft in Haushaltswarenläden erhältlich. Sie können es auch in Baumärkten und Supermärkten probieren.
5. Einfache Holz- oder Plastikklammern können von den Kindern persönlich gestaltet werden. Sie können Aufkleber und Formen aus Karton aufkleben, ausgestanzte Formen verwenden oder Muster malen und zeichnen.

Noch ein paar Worte zur Wäscheleine

Im Handel erhältliche, mit Plastik überzogene Wäscheleinen sind oft rutschig, wenn man sie mit laminierten Materialien verwendet. Hier ist eine starke Schnur, die nicht zu sehr nachgibt, am besten geeignet.

Zubehör

Das folgende Zubehör eignet sich gut für viele der vorgeschlagenen Aktivitäten:

- ein Plastikwäschekorb – entweder in normaler Größe oder einen kleinen Wäschekorb;
- es gibt Wäscheklammerbeutel, die man direkt an die Wäscheleine oder an einen zusätzlichen Haken hängen kann;
- durchsichtige Dokumentenhüllen (an einer Seite gelocht, sodass man sie in einen Ordner heften kann) lassen sich festklammern und sind vielseitig einsetzbar,
  - um Fotos und Kunstwerke zu schützen,
  - um diese neben ein Etikett zu hängen und es den Kindern zu ermöglichen, Dinge hineinzustecken, die zu dem Etikett in Bezug stehen, z. B. vier Spielzeuge in eine Hülle, die mit „4" beschriftet ist. Falten Sie die Oberseite der Hülle über die Wäscheleine, sodass sie sich leichter festklammern lässt;
- ein Laminiergerät ist geeignet, um selbst gemachte Materialien länger haltbar zu machen.

Die Einführung der Wäscheleine

Eine einführende Diskussion mit der Möglichkeit, die Wäscheklammern zu erproben, wird den Kindern dabei helfen, diese in angemessener Weise und mit Fantasie zu verwenden. Ein einführendes Spiel fördert sicher auch den Enthusiasmus und die Konzentration der Kinder. Setzen Sie sich zu den Kindern, während diese erkunden und untersuchen, stellen Sie offene Fragen und hören Sie sich die Ideen der Kinder an.

Einige einfache Vorschläge für den Anfang

1. Nur Wäscheklammern

   Einführende Aktivitäten rund um das Festklammern helfen den Kindern, die notwendigen feinmotorischen Fähigkeiten zu üben. Sie können:
   - die Wäscheklammern nach Farbe sortieren und dann jede Farbgruppe an die Wäscheleine klammern;
   - zählen, z. B. drei rote Klammern, vier blaue Klammern;
   - Zahlen zusammenfassen: „Auf wie viele Weisen kann man fünf Klammern zusammenlegen?" (2 rote/3 blaue; 1 rote/4 gelbe; 2 rote/2 blaue /1 gelbe usw.);
   - Wiederholungsmuster mit farbigen Klammern erstellen (rot/blau/rot/blau).
2. Rollenspiel

   Richten Sie in Ihrer Rollenspielecke oder draußen eine Wäscheecke mit einem Wäschekorb, Wäscheklammern und Puppenkleidung ein. Sie können den Bereich um einen Spielzeugrasenmäher, Gartenwerkzeug, einen Gartenstuhl und -tisch für Kinder, ein Teegeschirr, eine Puppe im Kinderwagen usw. ergänzen.

3. Richtig Wäsche waschen!
   Diese Aktivität lässt sich endlos erweitern.
   Sprechen Sie mit den Kindern darüber, wie ihre Kleidung zu Hause gewaschen wird:
   - Können die Kinder die Geräte, die dazu verwendet werden, benennen?
   - Was muss man in eine Waschmaschine hineintun?
   - Verfolgen Sie mit den Kindern eine Reise von schmutzigen Socken vom Wäschekorb zurück in den Kleiderschrank.
   - Wie kann man Kleidung noch waschen?
   - Sprechen Sie über das Waschen von Hand.
   - Basteln Sie aus einem großen Karton eine Waschmaschine. Schneiden Sie ein Loch als Tür hinein und üben Sie das Beladen, Entladen und das Sortieren der Wäsche.

4. Ein Waschtag draußen
   Von Hand zu waschen, ist eine großartige Aktivität für draußen. Entscheiden Sie sich zuerst für einen Tag. Wann ist ein guter Tag zum Wäschetrocknen?
   Verwenden Sie eine Schüssel mit Badeschaum und waschen Sie mit den Kindern die Puppenkleidung und einige waschbare Kostüme zum Verkleiden. Vergessen Sie nicht zu zählen, wie oft gespült wird, und wringen Sie die Wäsche gut aus. Mit Plastikschürzen und Gummihandschuhen macht es noch mehr Spaß. Dann wird die Wäsche an die Leine gehängt. Wie lange dauert es, bis sie trocken ist?
   Wie haben unsere Großeltern früher gewaschen? Wenn Sie Glück haben, können Sie vielleicht sogar einen Wäschestampfer, ein Waschbrett und einen Bottich ausleihen. Sie können mit den Kindern auch einen Waschsalon besuchen.

Was sollen wir heute tun?

Eine „Planen-Machen-Besprechen"-Wäscheleine hilft den Kindern bei der Entscheidung, was sie tun wollen, und ermöglicht ihnen die Freude auf die täglichen Aktivitäten.

Das brauchen Sie

- eine Wäscheleine
- farbige Wäscheklammern
- Fotos von täglichen Aktivitäten in Ihrer Einrichtung in Dokumentenhüllen. Sie können dabei die Ankunftszeit, das Frühstück, die Vorlesezeit, Kreisspiele und freies Spiel mit einbeziehen.

Lernziele

✓ zunehmend selbstständiger Aktivitäten auswählen und ausführen können
✓ Aktivitäten durchsprechen, darüber nachdenken und das, was Sie tun, modifizieren
✓ Sprache dazu verwenden können, Vorstellungen in Bezug zu setzen und vorherzusagen, was als Nächstes passieren wird
✓ Sprache dazu verwenden können, vergangene Ereignisse zu erinnern und zu durchleben

Das tun Sie

1. Führen Sie die Fotos der täglichen Aktivitäten ein, an denen alle Kinder teilnehmen. Sprechen Sie über jede Aktivität und darüber, welche die verschiedenen Kinder am liebsten mögen.
2. Verwenden Sie die Karten, um den Kindern dabei zu helfen vorherzusehen, was als Nächstes im Laufe des Tages passieren wird.
3. Helfen Sie den Kindern dabei, die Bilder zu sortieren. Was kommt zuerst, was dann, was als Drittes? Hängen Sie die Bilder in der Reihenfolge, die die Kinder vorgeschlagen haben, an die Wäscheleine.
4. Unterbrechen Sie während des Tages und animieren Sie die Kinder dazu, sich die Wäscheleine wieder anzusehen Bauen Sie das Selbstvertrauen auf und geben Sie den Kindern ein größeres Gefühl des Eingebundenseins, indem Sie sie bitten, die Reihenfolge der Bilder anzusehen und vorherzusagen, was als Nächstes passieren wird. Sie müssen dabei vielleicht Korrekturen vornehmen: „Wir dachten, die Vorlesezeit käme nach dem Frühstück, aber vorher spielen wir doch noch draußen, oder?"
5. Verändern Sie zusammen mit den Kindern die Reihenfolge der Bilder im Laufe des Tages oder während der Aktivität.
6. Am Ende der Aktivität verwenden Sie die Wäscheleine mit den Fotos als Bezugspunkt, um den Kindern dabei zu helfen, über den Tag und die Ereignisse des Tages nachzudenken: „Was hat euch am besten gefallen? Mit wem habt ihr gespielt? Was haben wir nach dem Frühstück gemacht?"
7. Fügen Sie den Fotos Schildchen hinzu, welche die Aktivitäten benennen – diese können außen auf den Dokumentenhüllen angebracht werden.

Weiterführende Ideen

- Verwenden Sie die Wäscheleine dazu, Kindern, die besondere Förderung benötigen, dabei zu helfen, ein Gefühl für die Tagesabläufe zu entwickeln, und lokalisieren Sie, was als Nächstes passieren wird.
- Präsentieren Sie Aktivitäten zur freien Wahl. Am Ende der Sitzung verwenden Sie die Bilder als einen Hinweis, der den Kindern hilft, sich zu erinnern, was sie getan haben. Haben sie das getan, was sie geplant hatten? Was haben sie stattdessen getan? Warum?

Wie ziehe ich das an?

Diese einfache Wäscheleine zur Übung der Reihenfolge hilft den Kindern dabei, die Tätigkeit des Anziehens in einzelne Schritte zu unterteilen.

Das brauchen Sie

- eine Wäscheleine
- farbige Wäscheklammern
- eine Auswahl an Kinderbekleidung (oder Kartonvorlagen von Kleidung oder Fotos von Kleidungsstücken, die aus Versandkatalogen ausgeschnitten und dann laminiert oder in Dokumentenhüllen gesteckt werden). Prüfen Sie, ob Sie eine große Auswahl für Jungen und Mädchen haben.

Lernziele

✓ zunehmend selbstständiger werden
✓ als Teil einer Gruppe arbeiten
✓ sich selbstständig an- und ausziehen können
✓ Sprache verwenden, um sich Rollen auszudenken
✓ den Wortschatz erweitern
✓ zuverlässig bis zu zehn Gegenstände zählen können
✓ einfache Merkmale eines Gegenstandes beschreiben können
✓ Unterschiede und Gemeinsamkeiten genau beobachten können

Das tun Sie

1. Jüngeren Kindern fällt es immer leichter, mit richtigen Gegenständen zu arbeiten. Bieten Sie den kleineren Kindern daher einen Korb mit richtiger Bekleidung an, die sie sortieren und über die sie sprechen können. Ältere Kinder können mit Vorlagen oder ausgeschnittenen und auf Tonkarton geklebten Bildern aus dem Katalog arbeiten – aber auch sie haben noch Freude daran, mit echter Kleidung zu arbeiten.
2. Legen Sie alle Kleidungsstücke in einen Wäschekorb (oder die Bilder in eine Kiste) und lassen Sie die Kinder die Kleidung erkunden und über sie sprechen.
3. Nachdem die Kinder die Gelegenheit hatten, die Kleidung zu erkunden, beginnen Sie mit den Kindern eine Unterhaltung über das Anziehen. Halten Sie zwei Kleidungsstücke hoch (vielleicht einen Socken und einen Schuh) und fragen Sie die Kinder: „Was zieht ihr zuerst an, die Socke oder den Schuh?"
4. Sobald die Kinder das Prinzip des Spiels verstanden haben, fragen Sie sie, was sie zuerst anziehen müssen, wenn sie sich anziehen.
5. Hängen Sie die Kleidungsstücke in der Reihenfolge, in der die Kinder sie anziehen müssen, an die Leine.
6. Mit älteren Kindern können Sie über den gleichen Prozess in umgekehrter Richtung sprechen, wenn sie abends zu Bett gehen.
7. Verwenden Sie die Wäscheleine, um Kindern dabei zu helfen, die Reihenfolge des An- und Ausziehens während des Tages oder beim Turnen zu verstehen.
8. Verwenden Sie Papierschablonen und Wäscheleinen auf dem Tisch, um einzelnen Kindern dabei zu helfen, diese Aktivitäten selbstständig zu üben.

Weiterführende Ideen

- Legen Sie Kataloge, Magazine und Scheren bereit, mit denen die Kinder ihre eigenen Wäscheleinen mit Kleidungsstücken basteln können.
- Verwenden Sie die Kleidung oder die Bilder, um „umgekehrte Richtung" und „verkehrt herum" zu üben.
- Veranstalten Sie ein Anziehrennen: zum Korb rennen, ein Kleidungsstück suchen, es zurückbringen, es aufhängen und wieder zum Korb rennen, um das Nächste zu holen.

Die Geschichte von Alice im Wunderland

Verwenden Sie eine bekannte Geschichte als Möglichkeit zur Auseinandersetzung mit den Themen Größe und räumliche Lage.

Das brauchen Sie

- eine Wäscheleine und Wäscheklammern
- eine Schablone von Alice
- drei Karten mit Blumen und Spielkarten
- eine „3"-Karte
- die Geschichte „Alice im Wunderland"
- drei Umrisse von Tieren und Menschen in unterschiedlicher Größe
- drei Karten mit Gegenständen aus der Geschichte

Lernziele

- ✓ Geschichten anhören und in Geschichten mit einsteigen
- ✓ mit wiederholten Refrains, vorausgesehenen Schlüsselereignissen und wichtigen Sätzen an der Geschichte teilnehmen
- ✓ die Geschichte in der richtigen Reihenfolge nacherzählen, sich auf die Sprachmuster von Geschichten beziehen können
- ✓ ein Verständnis für die wichtigen Elemente einer Geschichte zeigen
- ✓ sprachliche Ausdrücke wie „groß" und „klein" verwenden können
- ✓ zwei oder drei Gegenstände nach Länge oder Höhe sortieren können

Das tun Sie

Sie können für diese Aktivität Ihre eigenen Bildkarten erstellen, indem Sie Fotos oder Bilder aus Magazinen verwenden. Kinder können bei dieser Vorbereitung helfen.

1. Versammeln Sie eine Gruppe von Kindern um das Geschichtenbuch und Ihre Bildkarten. Setzen Sie sich dazu in die Nähe der Wäscheleine.
2. Lesen Sie die Geschichte ohne Unterbrechung ganz vor.
3. Sprechen Sie jetzt mit den Kindern darüber, wie man die Geschichte nacherzählen könnte. Hören Sie sich die Vorschläge der Kinder an und greifen Sie diese Vorschläge später wieder auf.
4. Erzählen Sie die Geschichte nach, wobei drei Kinder die Rollen der Alice übernehmen und ein weiteres die der Grinsekatze. Verwenden Sie die Bildkarten als Hilfe für die richtige Reihenfolge.
5. Während Sie die Geschichte nacherzählen, können die Kinder die entsprechenden Karten an die Wäscheleine hängen. Wenn Sie nur Platz für eine kurze Wäscheleine haben, erzählen Sie die Geschichte als eine Serie von „Szenen" und nehmen Sie nach jeder Szene die Bilder wieder herunter. So kann man z. B. die Königin entfernen, wenn sie wieder verschwindet, sodass nur noch die anderen Teilnehmerinnen und Teilnehmer der Geschichte übrigbleiben usw.
6. Animieren Sie die Kinder, bei den wiederholten Sätzen mit einzusteigen, während Sie die Geschichte erzählen.
7. Verwenden Sie die Wäscheleine auch dazu, andere bekannte Geschichten zu erzählen. Sie können den Kindern vielleicht dabei helfen, ihre eigenen Karten für Charaktere und Requisiten zu basteln.

Weiterführende Ideen

- Stellen Sie die Wäscheleine und die Karten für die Zeit des freien Spiels weiter zur Verfügung, sodass die Kinder zu dem Thema zurückkehren können.
- Verwenden Sie Schüsseln, Löffel, Stühle und Betten für Matheaktivitäten in kleinen Gruppen, um die Sprachfähigkeit über Größe, Reihenfolge und Mathematik zu vertiefen.

Kleider machen Leute

Setzen Sie sich mit dem Thema Uniformen auseinander, welche Uniformen kennen die Kinder?

Das brauchen Sie

- Wäscheleine und Wäscheklammern
- Kleidungsstücke von Uniformen aller Art (wenn möglich in der realen Größe und in Kindergröße zum Verkleiden)
- Ganzkörperspiegel und Kleiderbügel
- Bilder von Leuten in Uniform
- Bücher mit Dienstleistungsanbietern wie Polizei, Feuerwehr, Krankenpflege, Post, Pfadfinder usw.

Lernziele

✓ sich selbst als Mitglied unterschiedlicher Gemeinschaften begreifen
✓ als Teil einer Gruppe arbeiten
✓ sich selbstständig an- und ausziehen können
✓ Sprache verwenden können, um sich Rollen auszudenken
✓ den Wortschatz erweitern
✓ zuverlässig bis zu zehn Gegenstände zählen können
✓ einfache Merkmale von Gegenständen beschreiben können
✓ Gemeinsamkeiten und Unterschiede genau beobachten können

Das tun Sie

1. Legen Sie alle Kleidungsstücke in einen Wäschekorb und die Karten in eine Kiste. Betrachten Sie mit den Kindern einige der Bücher und fragen Sie die Kinder, warum die Leute ihrer Meinung nach eine Uniform tragen. Hören Sie sich die Gründe an und geben Sie auch weitere zur Prüfung wie z. B: um als Teil einer Gruppe angesehen zu werden, um ein Gemeinschaftsgefühl zu erzeugen, um die andere Kleidung zu schonen, um besser gesehen zu werden, um sicherer zu sein usw.
2. Betrachten Sie jetzt alle Kleidungsstücke im Korb. Können die Kinder sagen, zu wem sie gehören? Lassen Sie die Kleidungsstücke von den Kindern sortieren, danach können sie dann die Uniformen anprobieren.
3. Befestigen Sie nun eine der Bildkarten an der Wäscheleine und sprechen Sie mit den Kindern über die Person in der Uniform. Wer sind diese Leute? Was tun sie? Was tragen sie? Liegen irgendwelche Teile ihrer Uniform im Wäschekorb?
4. Aus dem Korb werden nun die richtigen Uniformteile gesucht und an die Wäscheleine gehängt.

Weiterführende Ideen

- Sammeln und sprechen Sie über Abzeichen, Zeichen und Insignien.
- Sammeln Sie Broschüren über die Berufe und die Zugehörigkeit von Uniformen. Ergänzen Sie auch Informationen über Pfadfinderuniformen.

Verstehen, worum es geht!

Hier finden Sie eine weitere Möglichkeit, eine Wäscheleine für die richtige Abfolge einer Geschichte zu verwenden. Das wird den Kindern dabei helfen, bekannte Geschichten und Ereignisse zu erinnern und nachzuerzählen.

Das brauchen Sie

- eine Wäscheleine und Wäscheklammern
- ein Laminiergerät, einen Locher, Schnur
- eine Digitalkamera

Lernziele

- ✓ selbstbewusst Ideen hervorbringen und in bekannten Gruppen sprechen können
- ✓ mit anderen interagieren, Pläne und Aktivitäten verhandeln und sich im Gespräch abwechseln können
- ✓ Gespräche nutzen können, um Gedanken zu organisieren, in eine Reihenfolge zu bringen und zu verdeutlichen
- ✓ Geschichten in der richtigen Reihenfolge nacherzählen können
- ✓ wissen, dass gedruckte Texte Bedeutung tragen
- ✓ Merkmale des Lebensumfeldes beobachten, erkennen und benennen können

Das tun Sie

1. Ein sehr guter Ausgangspunkt für diese Aktivität ist ein Spaziergang mit den Kindern in der näheren Umgebung. Machen Sie Fotos von Dingen, die allen auffallen, und versuchen Sie Ausdrücke, die die Kinder verwenden, oder Unterhaltungen im Gedächtnis zu behalten.
2. Drucken Sie die Fotos auf Papier oder Pappe mindestens im A4-Format aus. Manche Programme ermöglichen es, Textzeilen unter den Ausdruck zu setzen, aber wenn Sie kein solches Programm haben, können Sie die Untertitel auch im Nachhinein per Hand drunterschreiben. Verwenden Sie Untertitel, die Kinder vom Spaziergang wiedererkennen und erinnern. (Laminiert man die Bögen, dann behalten sie ihre Form und halten länger.)
3. Sprechen Sie mit den Kindern über die Bilder. Sie können jedem Kind ein Bild geben und darüber sprechen, wo es aufgenommen wurde.
4. Betrachten Sie zusammen zwei Bilder, eines mit einem Bild vom Anfang des Spaziergangs und eines mit einem Bild vom Ende des Spaziergangs. Sprechen Sie über die Bilder und lesen Sie die Untertitel. Können sich die Kinder noch daran erinnern, was als Erstes passiert ist?
5. Hängen Sie das erste Bild in die Nähe des linken Endes der Wäscheleine und das zweite in die Nähe des rechten Endes der Wäscheleine. Führen Sie ein weiteres Bild ein. Wohin gehört dieses Bild auf der Wäscheleine?
6. Erstellen Sie auf diese Weise die Reihenfolge der Bilder. Fügen sie Zahlen hinzu, sodass die Wäscheleine „gelesen" werden kann, indem man sagt: „Zuerst war da der Bäcker, als Zweites kam der Friseur usw."
7. Erfinden Sie daraus ein einfaches Lied zu einer leichten Melodie.

Weiterführende Ideen

- Machen Sie aus der Reihenfolge der Geschichte ein Buch. Basteln und laminieren Sie einen Buchdeckel für vorne und hinten. Lochen Sie die Seiten und binden Sie die Fotos zusammen, sodass ein Buch entsteht – stellen Sie es zur Bibliothek, damit die Kinder es ansehen und darüber immer wieder sprechen können.
- Erstellen Sie mit Kindern, Handpuppen und Stofftieren weitere Fotoserien.

W steht für Wäscheleine

Verwenden Sie Ihre Wäscheleine dazu, den Kindern bei der Arbeit mit Lauten zu helfen – mit Dingen und Symbolen für die Buchstaben.

Das brauchen Sie

- eine Wäscheleine und Wäscheklammern
- einen Satz Karten mit jedem Buchstaben des Alphabets in Kleinbuchstaben
- einen Satz Bildkarten für jeden Buchstaben
- einen Computer mit einem Bildbearbeitungsprogramm
- Zeitschriften und Kataloge
- kleine Gegenstände und Taschen oder Beutel, um sie hineinzutun

Lernziele

✓ ein Interesse an den Bildern und dem Text in Büchern und anderen gedruckten Materialien zeigen
✓ das Konzept des Wortes verstehen können
✓ die Anfangsbuchstaben von Wörtern hören und nennen können
✓ wissen, dass man durch Computer an Informationen gelangen kann
✓ einfache Aufgaben an einem Gerät der Kommunikations- und Informationstechnologie ausführen können

Das tun Sie

1. Arbeiten Sie mit einem kleinen Set von Buchstabenlauten und beziehen Sie die Kinder mit ein, wenn Sie die Sammlung von Bildern der Dinge, die mit diesem Buchstaben beginnen, zusammenstellen. Verwenden Sie dazu Zeitschriften, Kataloge und Wurfsendungen. Zeigen Sie den Kindern, wie sie geeignete Bilder auf dem Computer finden. (Klebt man die Bilder auf Karton und laminiert sie anschließend, halten sie länger.)
2. Schreiben oder drucken Sie einen der Buchstabenlaute auf ungefähr fünf A4 große Bögen Tonkarton, verwenden Sie dazu unterschiedliche Farben und Schriftarten. Ergänzen Sie einen Bildhinweis, falls die Kinder ihn benötigen. Stecken Sie die Karten in die Dokumentenhüllen und hängen Sie diese an die Wäscheleine.
3. Lassen Sie die Kinder jeden Buchstaben aussprechen und unterhalten Sie sich mit ihnen über dessen Form.
4. Betrachten Sie nun die Sammlung von Bildern, die sie gemeinsam gefunden haben. (Sie können dazu eine Kiste verwenden, in der sich sämtliche Bilder, die die Kinder gefunden haben, befinden, Sie können sich aber auch auf einige davon beschränken.)
5. Die Kinder könnten auch abwechselnd ein Bild aus einer Tasche oder einem Kopfkissenbezug ziehen und der Gruppe sagen, was es ist und mit welchem Buchstaben es anfängt. Ist es der gleiche Laut wie der, der an der Wäscheleine hängt?
6. Wenn die Bilder zu den Lauten an der Wäscheleine passen, dann bitten Sie die Kinder, das Bild in die Hülle zu stecken. Wird das Bild einer Katze in die Hülle mit dem Buchstaben K gesteckt, entsteht eine Verbindung von Anfangslaut und Buchstabenform.
7. Verwenden Sie auch echte Gegenstände, einen Kamm oder ein Spielzeugauto beispielsweise. Kleine weiche Stofftiere und Spielzeuglebensmittel sind auch gut geeignet.

Weiterführende Ideen

- Stellen Sie kleinere Buchstabenkarten her und suchen Sie die passenden großen Karten oder Gegenstände. Man kann dazu auch ein Alphabetset verwenden.
- Verwenden Sie auch die Anfangsbuchstaben der Namen der Kinder, führen Sie ein neues Stofftier oder eine Handpuppe ein, um zur Erfindung von Klanggeschichten und Reimen anzuregen.

Wir reimen!

Mit Bildpaaren, Paaren von Wörtern und Bildern und Reimpaaren macht das Reimeschmieden Spaß!

Das brauchen Sie

- eine Wäscheleine und Wäscheklammern
- Blanko-Karten und Filzstifte
- Bilder, Zeitschriften, Kataloge
- sich reimende Geschichten wie z. B. „Eine kleine Mickey Maus"

Lernziele

✓ zunehmend selbstständiger Aktivitäten auswählen und ausführen können
✓ Aktivitäten durchsprechen, darüber nachdenken und das, was getan wird, modifizieren können
✓ Sprache verwenden, um Ideen in Bezug zu setzen und vorauszuahnen, was als Nächstes passieren könnte
✓ Gespräche dazu verwenden können, vergangene Ereignisse zu erinnern und zu durchleben

Das tun Sie

1. Lesen Sie eine einfache Reimgeschichte oder sagen Sie gemeinsam einfache Reime auf. Sprechen Sie über Reimwörter und spielen Sie ein einfaches Reimspiel: Was reimt sich auf Haus? Wie viele unterschiedliche Reime können die Kinder finden? Akzeptieren Sie alberne Nonsensreime genauso wie echte Wörter – Reime trainieren die Ohren der Kinder und alberne Reime können eine lustige Möglichkeit darstellen, das zu tun.
2. Arbeiten Sie jetzt mit den Kindern zusammen und kleben Sie Bilder von Gegenständen, Tieren usw. mit einfachen Wortstrukturen auf. Legen Sie die Karten in eine Kiste oder einen Korb. Fügen Sie noch einige Blanko-Karten und Filzstifte hinzu.
3. Setzen Sie sich mit den Kindern in die Nähe der Wäscheleine und hängen Sie eines der Bilder (z. B. eine Maus) daran auf. Schauen Sie jetzt nach, ob Sie andere Gegenstände finden, die sich auf Maus reimen. Falls nicht, können Sie die Kinder dazu bringen, selbst Worte vorzuschlagen und diese auf ihre eigenen Bildkarten zu malen. Sie können die Wörter auch auf die Rückseite schreiben, um das spätere Wiedererkennen zu erleichtern.
4. Wenn die Kinder älter sind und anfangen, Wörter zu erkennen, können Sie
   a) die Bilderkarten um Wortkarten erweitern,
   b) einige einzelne Buchstaben hinzufügen und die Kinder versuchen lassen, die Wörter passend zu dem Bild zu schreiben, indem sie die einzelnen Buchstaben an die Leine hängen,
   c) den Kindern einen Korb mit Buchstabenkarten geben und testen, ob die Kinder einander dabei helfen können, ihre Namen zu schreiben.
5. Noch etwas später können ältere Kinder Listen der Reimwörter aufschreiben, die sie aus den Buchstaben schreiben können.

Weiterführende Ideen

- Regen Sie die Kinder dazu an, sich auch zu Hause nach Bildern und Wörtern umzusehen und diese mitzubringen, um sie an die Leine zu hängen.
- Erfinden Sie eine Reimgeschichte und verwenden Sie die gefundenen Bilder dazu. Nehmen Sie die Geschichte auf einem Rekorder auf, um sie für eine Höraktivität verwenden zu können.

Ein Wort bauen

Älteren Kindern wird diese Möglichkeit, einfache Wortstrukturen zu legen und unregelmäßige Wörter zu üben, sehr gefallen.

Das brauchen Sie

- eine Wäscheleine und Wäscheklammern
- Buchstabenkarten, mehrere von jedem Buchstaben, ganz besonders von den häufig verwendeten (A, E, I, O, U).
  Sie könnten auch mehrere Sets dieser Karten herstellen, sodass kleinere Gruppen von Kindern jeweils eines verwenden können.

Lernziele

✓ selbstbewusst neue Aktivitäten ausprobieren, Ideen hervorbringen und in einer bekannten Gruppe sprechen können
✓ mit Freude zuhören und gesprochene und geschriebene Sprache verwenden
✓ Anfangs- und Endbuchstaben von Wörtern und kurze Vokale innerhalb von Wörtern erkennen können
✓ Laute und Buchstaben in Verbindung bringen können, die Buchstaben des Alphabets benennen und aussprechen können
✓ eine Reihe von bekannten und verbreiteten Wörtern selbstständig lesen können

Das tun Sie

1. Erstellen Sie eine Auswahl von Bildern und kleinen Objekten, die zu Wörtern mit kurzer einfacher Wortstruktur passen: HUT, TON usw. (Sie haben vielleicht schon ein Set mit solchen Bildkarten, das Sie hier auch verwenden können.)
2. Spielen Sie ein Spiel, bei dem Sie die Bilder/Gegenstände und die passenden Wortkarten an der Leine zusammenhängen.
3. Hängen Sie einen Gegenstand (in einem Beutel) oder das Bild eines Gegenstandes an und die passende Wortkarte an die Wäscheleine Lassen Sie die Kinder die Wortkarten ganz genau betrachten.
4. Drehen Sie die Wortkarten um und fordern sie die Kinder auf, mit ihren eigenen Karten das Wort auf dem Teppich zu legen. Sie können dabei entweder in Zweiergruppen oder alleine arbeiten.
5. Bitten Sie ein Kind, den anderen Kindern die eigene Version zu zeigen, indem es die einzelnen Buchstaben an die Wäscheleine hängt. Sprechen Sie über das Wort und prüfen Sie, ob irgendwer eine andere Lösung gefunden hat.
6. Lesen Sie das Wort und überprüfen Sie es, indem Sie die Wortkarte wieder umdrehen. Legen Sie das Spiel an einen Ort, an dem die Kinder es mit ihren eigenen Wörtern und Gegenständen alleine spielen können. Man kann das Spiel auch draußen spielen.

Auf dem Bauernhof

1. Lesen Sie eine Geschichte über einen Bauernhof oder singen Sie ein Bauernhoflied.
2. Helfen Sie den Kindern dabei, die Buchstabenkarten aufzuhängen, um einige der Tiernamen zu buchstabieren, z. B. Hund, Kuh, Maus usw. (Verwenden Sie als Zubehör kleine Tierfiguren.)

Den eigenen Namen festklammern

Regen Sie einzelne Kinder dazu an, den eigenen Namen an die Leine zu klammern.

Und noch ein Spiel: „Ich sehe was, was du nicht siehst" mit Wörtern

1. Hängen Sie Buchstaben an die Leine, um ein Wort zu schreiben, das die Kinder irgendwo im Raum sehen können, z. B. den Titel eines Buches, ein Etikett, den Namen eines Kindes.
2. Bitten Sie die Kinder, das Wort an der Wäscheleine genau anzusehen und dann zu versuchen, es im Raum zu finden.

Spielzeuge, die ich gerne mag

Erstellen Sie eine Wäscheleine mit Porträts der Kinder, suchen Sie dann nach Lieblingsspielzeugen und lassen Sie die Kinder die zusammenpassenden Porträts und Spielzeuge finden.

Das brauchen Sie

- eine Wäscheleine und Wäscheklammern
- Bilder, Zeitschriften, Kataloge
- ein Foto von jedem Kind, auf Tonkarton geklebt oder in einer Dokumentenhülle
- einige Karten, auf denen „mag" steht

Lernziele

- ✓ offen über das Zuhause sprechen
- ✓ Vorlieben und Abneigungen ausdrücken können
- ✓ wissen, dass gedruckte Schrift Bedeutung trägt und dass im Deutschen von links nach rechts gelesen wird
- ✓ die Anfangsbuchstaben von Wörtern und Buchstaben hören und nennen können
- ✓ mit anderen interagieren, Pläne und Aktivitäten verhandeln und sich in der Unterhaltung abwechseln können
- ✓ erste bekannte Wörter erkennen können
- ✓ erste einfache Sätze bilden können, dabei gelegentlich Zeichensetzung verwenden können
- ✓ sicher und mit wachsender Beherrschung Werkzeuge, Gegenstände und Bastelmaterialien verwenden können

Das tun Sie

1. Verbringen Sie etwas Zeit damit, mit den Kindern Kataloge durchzusehen, über ihre Lieblingsspielzeuge zu sprechen und Bilder auszuschneiden.
2. Setzen Sie sich mit den Spielzeugbildern und den Fotos der Kinder in die Nähe der Wäscheleine. Betrachten Sie gemeinsam die Spielzeuge, die die Kinder ausgewählt haben.
3. Zeigen Sie den Kindern den Ausdruck „mag" auf einer Karte.
4. Hängen Sie das Foto von einem der Kinder an die Leine.
5. Hängen Sie den Ausdruck „mag" neben das Bild.
6. Lassen Sie das Kind auf dem Foto eines seiner Lieblingsspielzeuge danebenhängen, um einen Satz zu formen. Lesen Sie gemeinsam den Satz (z. B. Oskar mag Action Man; Samira mag Barbie und Kostüme; Gerrit mag Tiere und Insekten) und zeigen Sie dabei auf jedes der Wörter, während Sie es aussprechen.
7. Wiederholen Sie das Sätzebasteln mit anderen Kindern. Lassen Sie die Materialien für diese Aktivität liegen, sodass die Kinder selbstständig alleine weiterspielen können.
8. Wenn sich die Kinder an diese Aktivität gewöhnt haben, können Sie die Fotos auch durch Namensschilder ersetzen.
9. Erstellen Sie unterschiedliche Sätze mit Obst, Farben, Spielen, Aktivitäten usw. Sie können das erste Bild auch durch „Frau ...", oder „Hunde" oder „Affen" ersetzen.
10. Ältere Kinder können einen Punkt am Ende des Satzes verwenden.

Weiterführende Ideen

- Basteln Sie aus den Sätzen ein Buch. Es ist leichter für die Kinder, die Namen der anderen zu lesen, wenn es ein Foto zum Namen gibt. Stellen Sie das Buch in die Leseecke, wo die Kinder Spaß daran haben werden, es selbst zu lesen.
- Knüpfen Sie mit dem Spiel an den Wortschatz und die Bilder eines aktuellen Themas an.

Wo ist mein Paar?

Wirf den Würfel, wähle einen Socken und hänge ihn an die Leine – ein Spiel für eine kleine Gruppe.

Das brauchen Sie

- eine Wäscheleine
- farbige Wäscheklammern in einem Wäscheklammerbeutel oder Korb
- einen Farbwürfel oder Kreisel (s. Anhang)
- einen großen Berg Socken in unterschiedlichen Farben, Größen und Mustern in einem Wäschekorb (fragen Sie bei Eltern oder Kleiderkammern Ihrer Stadt danach)

Lernziele

✓ als Teil einer Gruppe arbeiten, sich abwechseln können
✓ den Wortschatz erweitern
✓ Gespräche dazu nutzen können, Dinge zu verdeutlichen
✓ Gegenstände zählen und klassifizieren können
✓ einfache Merkmale eines Gegenstandes beschreiben können

Das tun Sie

Spielen Sie dieses Spiel mit einer kleinen Gruppe von bis zu vier Kindern.

1. Fangen Sie an, indem Sie alle Socken auskippen und diese ansehen. Benennen Sie die Farben und die Muster der unterschiedlichen Socken. Sprechen sie darüber, wem sie einmal gehört haben. Einige der Socken können auch anprobiert werden und die Kinder können darin so herumlaufen, wie die einstige Besitzerin/der einstige Besitzer.
2. Erzählen Sie den Kindern, Sie bräuchten Hilfe beim Wäscheaufhängen.
3. Würfeln Sie oder lassen Sie den Kreisel drehen und zeigen Sie den Kindern, wie man Socken mit gleicher Farbe an die Leine hängt. Wenn es keinen Socken in der richtigen Farbe gibt, dann wird der Kreisel an den nächsten Spieler weitergereicht. Wenn die Socken ausgehen, können Sie die Kinder dazu anregen, die Socken an der Leine zu zählen.
   Anmerkung: Der Kreisel hat nur sechs Felder, kolorieren Sie diese in den Farben der Socken, die sie haben.
   - Variationen: Führen Sie einen Kreisel ein, bei dem jeweils auf drei Seiten große und kleine Socken aufgezeichnet sind. Verwenden Sie entweder nur diesen Kreisel für die Sortierung nach Größen, oder verwenden Sie ihn in Verbindung mit einem weiteren Kreisel, sodass die Kinder einen großen, roten Socken oder einen kleinen, gelben Socken finden müssen, um ihn aufzuhängen.
   - Führen Sie Kreisel mit Bildern unterschiedlicher Kleidungsstücke ein – T-Shirts, Shorts, Socken usw. und verwenden Sie diese in Verbindung mit dem Farbenkreisel.

Weiterführende Ideen

- ▶ Dieses Spiel kann man immer weiterführen! Wenn sich die Kinder daran gewöhnt haben, kann man einen dritten Kreisel mit Mustern einführen, sodass die Kinder einen „großen, gestreiften, gelben Socken" finden müssen.
- ▶ Sammeln Sie Bilder von gemusterter und bunter Kleidung. Spielen Sie das Spiel mit zwei oder drei Kreiseln – z. B. mit einer „großen, gepunkteten, gelben Jacke".

Sein eigenes Süppchen kochen

Lassen Sie die Kinder eine Auswahl an Gerichten basteln und damit eine Wäscheleine für ein eigenes Rollenspiel erstellen.

Das brauchen Sie

- eine Wäscheleine und Wäscheklammern
- Pappteller
- Filzstifte, Kleber, Scheren
- echte Speisekarten von Take-away-Restaurants, die Essen zum Mitnehmen
- farbige Wäscheklammern
- Materialien für Collagen, z. B. Papierschnipsel, Plastikformen, Perlen, Schaumstoffe, Wolle
- Speisekarten und Bestellbücher

Lernziele

- ✓ den Wortschatz erweitern, sodass er die Bandbreite der Erfahrungen widerspiegelt
- ✓ Sprache dazu verwenden können, sich Rollen und Erfahrungen auszudenken
- ✓ einen Stift verwenden und auf wirksame Weise halten können
- ✓ die Zahlen von 1 bis 9 erkennen können
- ✓ ein Bewusstsein für die Kultur und den Glauben anderer entwickeln
- ✓ Aktivitäten ausführen, die der Auge-Hand-Koordination bedürfen
- ✓ neben anderen Kindern spielen, die sich mit dem gleichen Thema befassen

Das tun Sie

1. Sprechen Sie mit den Kindern über das Essen in Restaurants, über die unterschiedlichen Arten des Essens zum Mitnehmen und über ihre Vorlieben und Abneigungen. Sprechen Sie über die unterschiedlichen Namen und Geschmäcker der Mahlzeiten.
2. Entscheiden Sie zusammen mit den Kindern, was für ein „Wäscheleinenrestaurant" sie gemeinsam einrichten wollen. Es könnte ein chinesisches, italienisches, indisches oder mexikanisches Restaurant, ein Fast-Food-Restaurant wie McDonald's oder jede andere Art von Restaurant sein. Wenn es möglich ist, besuchen Sie ein Café oder Restaurant im Ort.
3. Erstellen Sie gemeinsam mit den Kindern eine Speisekarte mit all den Gerichten, die man im eigenen Restaurant oder Café bestellen kann.
4. Jetzt müssen Sie noch Teller mit den Gerichten basteln. Sehen Sie sich mit den Kindern die Materialien für die Collagen an und unterhalten Sie sich darüber, wie man erreichen kann, dass sie wie Lebensmittel aussehen, wenn man sie auf die Teller klebt und anmalt. Aus den Perlen werden Erbsen, Watte wird zu Kartoffelpüree, aus Schaumstoff entstehen Fritten, Fischstäbchen, Burger. Für Spaghetti eignen sich Wollfäden.
5. Hängen Sie die fertigen Teller, wenn sie getrocknet sind, an die Wäscheleine.
6. Stellen Sie nun einige Tische und Stühle für das Café zusammen, wählen Sie eine Kellnerin/einen Kellner aus und lassen Sie die Kinder die gewünschten Gerichte aus dem Angebot bestellen.

Weiterführende Ideen

- Üben Sie die Verwendung von Essstäbchen mit fein zerrissenem Papier (oder echten Nudeln), um die Feinmotorik zu trainieren.
- Erstellen Sie Speisekarten mit Bildern oder Zahlen, die zu den Gerichten passen.
- Ermöglichen Sie den Kindern Erfahrungen mit richtigem Essen – bestellen Sie eine Pizza, kochen Sie Spaghetti, belegen Sie zusammen Baguettebrote oder grillen Sie mit den Kindern.

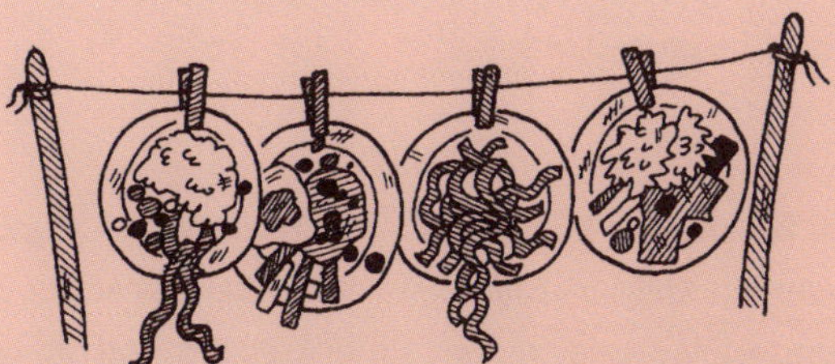

Was soll ich nehmen?

Was nehme ich mit in den Urlaub?

Das brauchen Sie

- eine Wäscheleine und Wäscheklammern
- Stifte, Papier, Pinnwand, um Listen zu erstellen
- Kleber, Scheren, Reiseprospekte, Kataloge
- einen Wäschekorb
- Koffer oder Reisetaschen
- Kameras, Flip-Flops, Sandspielzeug, Sonnenbrillen, Schwimmflossen

Lernziele

- ✓ als Teil einer Gruppe arbeiten
- ✓ den Wortschatz erweitern
- ✓ ein Gefühl für Raum entwickeln
- ✓ zuverlässig bis zu zehn Alltagsgegenstände zählen können
- ✓ Fantasie in Rollenspielen einsetzen
- ✓ mit anderen interagieren
- ✓ Gespräche, Handlungen und Gegenstände dazu verwenden, sich an Vergangenes zu erinnern und die Vergangenheit wieder aufleben zu lassen

Das tun Sie

1. Richten Sie einen Bereich für Rollenspiele mit Tischen und Stühlen ein, wo die Kinder eine Packliste erstellen können, indem sie entweder Bilder aus Katalogen ausschneiden, aufkleben und malen oder indem sie ankreuzen und schreiben. Geben Sie den Kindern auch Koffer und Kleidungsstücke, die gepackt werden können. Außerhalb die-

ses Bereiches gibt es eine Waschmaschine, Wäscheleine, Wäscheklammern und Wäschekörbe. Überall im Raum und auch davor hängen Sie etikettierte Bilder von verschiedenen Ferienregionen auf, die die Kinder besuchen können.

2. Sprechen Sie mit den Kindern über ihre letzten Ferien. Beachten Sie dabei aber bitte, dass nicht alle Kinder in Urlaub fahren können. Aber auch die Ferien zu Hause können Thema sein. Wie war das Wetter? Was war dort/hier anders? Mussten die Kinder besondere Kleidung oder andere Dinge mitnehmen/oder in dieser Zeit verwenden? Verwenden Sie evtl. Urlaubsfotos der Kinder und Bilder aus Zeitschriften als Anregung.
3. Lassen Sie die Kinder in diesem Bereich frei spielen, wobei sie auf Wissen aus ihren eigenen Ferienerfahrungen zurückgreifen können.
4. Ein kurzes Rollenspiel mit Erwachsenen und Kindern ist eine gute Möglichkeit, dieses Spiel auszubauen und zu erweitern. Denken Sie gemeinsam darüber nach, welche Dinge Sie in ihrem Urlaub vielleicht brauchen, und erstellen sie eine Packliste. Suchen Sie mit den Kindern die benötigten Gegenstände zusammen und packen Sie. (Sie können während des Einsammelns auch an die Leine geklammert werden.) Besuchen Sie eines der Feriengebiete und verwenden Sie dort einige Dinge aus den Koffern. Kehren Sie dann nach Hause zurück und waschen Sie diese Kleidung. Hängen Sie sie an die Leine. Zählen Sie nach. Mit der Packliste kann überprüft werden, ob man etwas auf dem Campingplatz oder im Hotel vergessen hat.
5. Lassen Sie die Kinder Kofferetiketten und Tickets basteln, Stühle als Flugzeug verwenden und ein Hotel buchen. Schicken Sie selbst gemachte Postkarten nach Hause.

Weiterführende Ideen

- Sammeln Sie zufällig ausgewählte Kleidungsstücke in einem Wäschekorb. Kleben Sie einige Bilder unterschiedlicher Urlaubsziele auf Karton. Hängen Sie die Bilder an die Wäscheleine und sortieren Sie die Dinge aus, die man dorthin mitnehmen muss.
- Sortieren Sie weitere Körbe mit Kleidungsstücken, einen für kalte Länder und einen für warme Länder. Oder einen mit Kleidungsstücken für den Strand und einen weiteren mit Kleidungsstücken für den Campingplatz.

Flagge zeigen

Basteln Sie mit den Kindern Wimpel in unterschiedlichen Farben (und Mustern) und spielen Sie damit ein Spiel mit Wiederholungsmustern.

Das brauchen Sie

- eine Wäscheleine und Wäscheklammern
- Tonkarton, um Flaggen zu basteln
- Scheren, Filzstifte

Lernziele

✓ Aktivitäten durchsprechen, darüber nachdenken und das, was man tut, modifizieren können
✓ über einfache Muster sprechen, sie erkennen und nachbilden können
✓ Zahlenmuster wiederholen können
✓ Muster erkennen und diese kommentieren können
✓ sich mit Farbe, Textur, Umriss, Form und Raum in zwei oder drei Dimensionen auseinandersetzen können

Das tun Sie

1. Verwenden Sie Tonkarton und Stifte, um die Wimpel zu basteln. Sie brauchen mindestens drei jeder Farbe, jedes Musters oder jeder Form.
2. Experimentieren Sie mit den Kindern zuerst am Boden oder auf dem Tisch – erstellen Sie Wiederholungsmuster unterschiedlicher Art. Fangen Sie ganz einfach an.
3. Wenn die Kinder das Konzept begriffen haben, lassen Sie sie selbst eigene Muster auf dem Fußboden oder dem Tisch erstellen.
4. Fangen Sie danach mit einfachen Mustern in der Gruppe an, indem Sie einige der Wimpel an die Wäscheleine hängen (z. B. rot/blau/rot/blau). Zeigen Sie den Kindern, wie man das Muster ‚liest', indem Sie auf die Wimpel zeigen und ihre Namen nennen. Das vertieft das Muster und macht die Vorhersage leichter. Erklären Sie, dass das Muster von links nach rechts gelesen wird. Fragen Sie, welche Farbe als Nächstes kommt, und regen Sie die Kinder dazu an, das Muster selbst fortzusetzen, indem sie die übrigen Wimpel aufhängen. Lesen Sie erneut das fertige Muster von links nach rechts.
5. Gehen Sie danach zu komplexeren Mustern über, bei denen auch gezählt werden muss (z. B. zweimal rot/einmal blau/zweimal rot/einmal blau ...), und fordern Sie die Kinder auf, auch diese entlang der Wäscheleine fortzusetzen.
6. Führen Sie ein Muster mit drei Farben oder eines mit Streifen und Punkten auf einigen Wimpeln ein. Probieren Sie auch aus, drei Kindern je eine Farbe oder ein Muster zu geben, damit sie sich darauf konzentrieren müssen, wann sie an der Reihe sind, und verstehen, wie diese Farbe in das Gesamtmuster passt.

Weiterführende Ideen

- Verwenden Sie diese Wimpel als Hintergrund für ein einfaches Kirmesspiel, mit dem Sie die Zählfähigkeit fördern, indem z. B. Bohnensäckchen in eine Schüssel geworfen und anschließend die „Punkte" verglichen werden oder indem Sie eine Bude einrichten, in der Stofftiere oder Kuchen verkauft werden.
- Versuchen Sie auch einmal, Bilder an der Wäscheleine in eine bestimmte Reihenfolge zu bringen. Diese können sich auf ein Thema oder eine Überschrift beziehen. Oder verwenden Sie richtige Kleidung für die Reihenfolgen.

Zehn weiße Socken

Dies ist eine Variante mit der Wäscheleine, bei der Kinder „eins weniger" üben können.

Das brauchen Sie

- eine Wäscheleine
- einen Wäschekorb
- farbige Wäscheklammern
- zehn weiße Socken

Lernziele

✓ als Teil einer Gruppe oder Klasse arbeiten
✓ zuverlässig bis zu zehn Alltagsgegenstände zählen können
✓ bei den Zahlen von eins bis zehn eine um eins kleinere Zahl finden können
✓ den Körper beherrschen und beabsichtige Bewegungen ausführen können
✓ mit Freude zuhören und gesprochene Sprache verwenden

Das tun Sie

1. Erzählen Sie den Kindern eine Geschichte mit einem Lied. Beginnen Sie, indem Sie sagen, dass Sie einmal Socken gewaschen und diese dann an die Leine gehängt hätten, damit sie trocknen könnten. Zählen Sie gemeinsam die Socken, während diese an die Leine gehängt werden. Die Kinder können Ihnen beim Festklammern behilflich sein.
2. Jetzt sagen Sie: „Der Wind hat sehr stark geweht.“, Bitten Sie die Kinder, den Wind zu spielen, indem Sie mit den Armen kreisen und Windgeräusche machen: „Wuuuhhh."
3. Singen Sie das Lied über das, was passiert ist, zur Melodie von „Zehn kleine Kinderlein“. Fordern Sie die Kinder auf, an der richtigen Stelle die Windgeräusche und -bewegungen zu machen.
   - Zehn weiße Socken hängen an der Leine,
   - Der Wind wehte und eine fiel hinab –
     (*Hängen Sie eine Socken ab und lassen Sie sie fallen*)
   - Da waren's nur noch ...
     (*Zählen Sie die verbleibenden Socken*) ...
   - Fahren Sie mit „Neun weiße Socken hängen an der Leine“ fort usw.
4. Wenn es keine weißen Socken mehr gibt, beenden Sie das Lied, indem Sie sagen: „Und dann waren sie alle wieder dreckig und ich musste Sie noch mal waschen!“
5. Singen Sie das Lied noch einmal.

Weiterführende Ideen

- Lassen Sie die Kinder abwechselnd die Socken abhängen.
- Lassen Sie die Socken in der Nähe der Wäscheleine liegen, damit die Kinder alleine damit spielen können.
- Hängen Sie Zahlkarten über jeden Socken, um die Wiedererkennung der Zahlen zu fördern.
- Singen Sie auch andere Zahllieder.

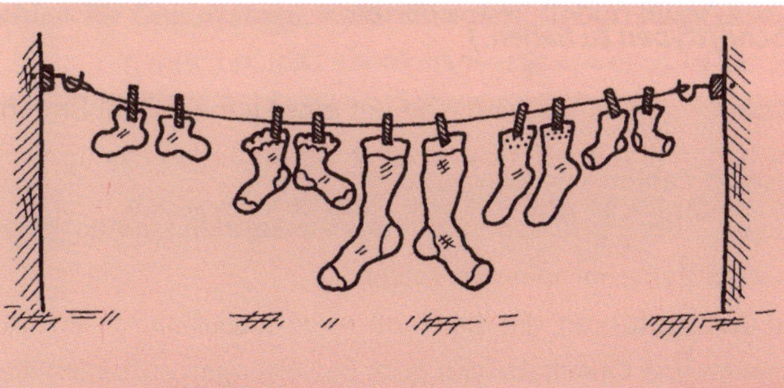

Das heutige Thema lautet ...

Verbinden Sie die Wäscheleine mit Ihrem aktuellen Thema und vertiefen Sie Wissen, Wortschatz, Erfahrungen und Ereignisse.

Das brauchen Sie

- eine Wäscheleine und Wäscheklammern
- Tonkarton, Papier, Filzstifte, Scheren
- Zeitschriften, Kataloge
- zum Thema passendes Geschenkpapier, Aufkleber und Stempel
- themenbezogene Bilder

Lernziele

✓ Selbstbewusstsein bei der Wahl und der Ausführung von Aktivitäten zeigen
✓ Aktivitäten durchsprechen, darüber nachdenken und das, was getan wird, modifizieren
✓ Gespräche dazu verwenden, Ideen in Bezug zu setzen und vorherzusehen, was als Nächstes passieren wird
✓ Gespräche dazu verwenden können, vergangene Ereignisse zu erinnern und erneut zu durchleben
✓ unter Verwendung aller Sinne Gegenstände und Materialien untersuchen

Das tun Sie

1. Sprechen Sie mit den Kindern darüber, wie man die Wäscheleine passend zum Thema verwenden könnte.
2. Sie könnten themenbezogene Zahlenleinen erstellen (Sterne, Insekten, Autos, Kleidungsstücke für unterschiedliche Berufsgruppen, Jahreszeiten, Werkzeuge).
3. Verwenden Sie die Wäscheleine, um Reihenfolgen wie z. B. das Wachstum der Tiere und der Pflanzen (Ei – Küken – ausgewachsenes Huhn oder Samen – Keimling – Pflanze – Blume oder Frühling – Sommer – Herbst – Winter) anschaulich zu machen.
4. Erstellen Sie Karten mit Selbstbildnissen der Kinder, um eine Gruppenwäscheleine zu erstellen, und verwenden Sie diese zum Sortieren oder Ordnen in Reihenfolgen (vom größten Kind zum kleinsten, vom ältesten Kind zum jüngsten usw.).
5. Sammeln Sie Materialien oder Bilder, die in Bezug zu Ihrem Thema stehen, und hängen Sie diese an die Wäscheleine.
6. Verwenden Sie die Wäscheleine, um sich mit den Kindern über das Thema zu unterhalten, ehe Sie beginnen. Sammeln Sie alle Ideen der Kinder und hängen Sie diese an die Leine. Fügen Sie andere Dinge hinzu, nachdem Sie behandelt wurden. z. B.: Was wissen wir über die kleinen Tierchen? Schreiben Sie auf, was die Kinder wissen und klassifizieren Sie dann nach „Lebensraum", „Anzahl der Beine" oder „Was die Tiere fressen". Fügen Sie während der gesamten Themenreihe neue Karten hinzu und erfinden Sie Spiele zum Sortieren und Klassifizieren der Informationen während der Themenreihe.
7. Basteln Sie themenbezogene Zählmarken aus laminierten Tonkartonkreisen mit Bildern, die von den Kindern gemalt wurden.

Weiterführende Ideen

- Verwenden Sie themenbezogene Karten, um das Zählen mit Kardinalzahlen (zum Zählen von Gegenständen und Dingen und zum Finden und Ergänzen von Bildern und echten Gegenständen in Dokumentenhüllen) und mit Ordinalzahlen (erstes, zweites, drittes Haus in einer Straße, Ereignisse einer Geschichte, Phasen in einem Rezept) zu üben.

Handliche Handschuhe

Verwenden Sie diese Wäscheleine, um Paare zu bilden und später zu lernen, in Zweierschritten zu zählen.

Das brauchen Sie

- eine Wäscheleine und Wäscheklammern
- Kinderhandschuhe in Paaren

Lernziele

- ✓ andere ansprechen, um Erfahrungen mitzuteilen
- ✓ bis zu sechs Gegenstände zählen können
- ✓ in bekannten Kontexten die Zahlennamen in der richtigen Reihenfolge aufsagen und verwenden können
- ✓ ein Interesse an Zahlenproblemen zeigen
- ✓ eine Sammlung von vier Gegenständen auf unterschiedliche Weise aufteilen können und dabei festzustellen, dass die Summe immer noch die gleiche ist
- ✓ ein Bewusstsein für Symmetrie zeigen

Das tun Sie

Sie können am Anfang dieser Aktivität alle Handschuhe tragen.

1. Führen Sie die Aktivität ein, indem Sie mit den Kindern über die Handschuhe sprechen, die Sie alle tragen; die Farben, die Muster, die Größen und Typen und das Maß der Kuscheligkeit. Fragen Sie die Kinder, ob sie wissen, warum wir Handschuhe tragen.

2. Spielen Sie ein aktives Sortierspiel – rufen Sie eine Farbe oder ein Muster und die Gruppe sortiert sich nach Farben, Mustern und Arten.
3. Danach ziehen alle ihre Handschuhe aus und hängen sie an die Wäscheleine. Versuchen Sie nicht unbedingt, die Handschuhe paarweise aufzuhängen, es sei denn, die Kinder schlagen es vor.
4. Zählen Sie die Handschuhe gemeinsam, wobei ein Kind oder ein Erwachsener auf jeden einzelnen Handschuh zeigt und alle die Zahlen nennen.
5. Abwechselnd werden die Handschuhpaare ausgewählt und nebeneinander aufgehängt. Glauben die Kinder, dass es immer noch die gleiche Zahl Handschuhe ist, jetzt, nachdem sie paarweise aufgehängt sind? Fragen Sie sie, zählen Sie dann erneut und prüfen Sie, wer richtiglag. (Kleine Kinder brauchen viele festigende Aufgaben wie diese, bei denen Gegenstände bewegt oder neu arrangiert werden.)

Und für ältere Kinder:

1. Verwenden Sie nur drei Paare Handschuhe. Hängen Sie diese zufällig an die Wäscheleine.
2. Hängen Sie eine Lesenlernkarte „6 Handschuhe" an das Ende der Wäscheleine.
3. Sprechen Sie über die Paare. Wie viele Handschuhe gehören zu einem Paar? Drei Kinder können jetzt ein Paar Handschuhe finden. Wie viele Kinder? Wie viele Handschuhe? Wie viele **Paare** von Handschuhen?

Weiterführende Ideen

- Umranden Sie die Hände auf Papier oder Tonpapier (kleinere Kinder werden Hilfe brauchen, wenn sie um ihre stärkere Hand zeichnen). Dekorieren Sie die Handschuhe und hängen Sie sie in Paaren an die Wäscheleine. Erinnern Sie die Kinder daran, dass Handschuhpaare auf beiden Handschuhen das gleiche Muster aufweisen – eine sinnvolle Aktivität, um etwas über die Symmetrie zu lernen.
- Sammeln Sie eine Auswahl unterschiedlicher Arten von Handschuhen, um diese zu sortieren und sie zu Paaren zusammenzulegen.

Auf die Größe kommt es an!

Eine gute Möglichkeit, die Konzepte lang, kurz und kürzer zu üben, besteht darin, Bänder, Schnur, Karton oder Stoff der Länge nach zu sortieren.

Das brauchen Sie

- eine Wäscheleine und Wäscheklammern
- eine Auswahl an Bändern unterschiedlicher Größe, Dicke, Farbe und in verschiedenen Mustern (Sie können stattdessen auch Pappstreifen verwenden)
- einen Korb oder eine dekorierte Kiste

Lernziele

- ✓ als Teil einer Gruppe arbeiten
- ✓ einfache Fragen stellen können
- ✓ sprachliche Ausdrücke wie *groß* und *klein* verwenden können
- ✓ zwei oder drei Gegenstände der Länge nach sortieren können

Das tun Sie

1. Setzen Sie sich zu den Kindern und untersuchen Sie mit den Kindern den Korb oder die Kiste mit den Bändern. Sprechen Sie über Farbe, Material und Länge. Unterhalten Sie sich mit den Kindern darüber, wofür die Bänder gut sind.
2. Fangen Sie an, die Bänder in lange und kurze Bänder zu sortieren – vermutlich wird es zu einer ordentlichen Diskussion um die Bänder mittlerer Länge kommen.

3. Hängen Sie nun mit den Wäscheklammern ein langes und ein kurzes Band an die Wäscheleine und fragen Sie die Kinder, was der Unterschied zwischen beiden ist. Vertiefen Sie Vokabular wie „groß“, „klein“, „lang“, „kurz“, „länger“ und „kürzer“, oder führen Sie es ein.
4. Ermöglichen Sie den Kindern, in dieser Vergleichsphase viele Erfahrungen, sowohl mit einem Erwachsenen als auch selbstständig, zu sammeln.
5. Sobald Sie sich sicher sind, dass die Kinder die Konzepte „länger“ und „kürzer“ verstehen, können Sie das folgende ausprobieren: Nehmen Sie ein kurzes Band von der Leine und halten Sie es an die untere Hälfte des aufgehängten langen Bandes. Ist das kürzere Band jetzt länger?
6. Wagen Sie die Herausforderung, alle Bänder der Länge nach an die Wäscheleine zu hängen. Animieren Sie zu Unterhaltungen und bewegen Sie die Bänder so lange hin und her, bis die Kinder mit der Leine zufrieden sind. Einigen Kindern fällt vielleicht auf, dass es die Länge der Bänder verändert, wenn man sie beim Aufhängen über die Leine faltet. Regen Sie Diskussionen an und fördern Sie die Versuche der Kinder, Probleme, auf die sie stoßen, zu lösen. Stellen Sie offene Fragen: „Wie könnten wir das lösen?“, „Was kann man hier tun?“, „Was denkt ihr?“
7. Fügen Sie einige Schildchen hinzu – „am längsten“ und „am kürzesten“ an den Enden der Wäscheleine.

Weiterführende Ideen

- Zählen Sie die Bänder vom kürzesten Band zum längsten und dann wieder zurück. Sind es gleich viele?
- Sortieren Sie Körbe mit Socken, Halstüchern, Spitzenbändern, Schnüren usw. in unterschiedlicher Länge.
- Verwenden Sie Sets von Kreisen, Ostereierformen, Blättern, Blumen usw. aus Tonkarton in verschiedenen Größen.

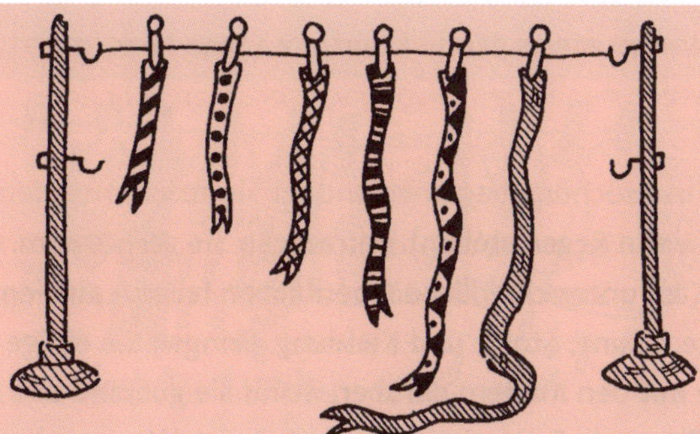

Ich denke an jemanden ...

Verwenden Sie diese Aktivität, um das genaue Betrachten der eigenen Merkmale und der Merkmale anderer zu fördern.

Das brauchen Sie

- eine Wäscheleine und Wäscheklammern
- einen unzerbrechlichen Spiegel (mit einem Vergrößerungsspiegel macht es noch mehr Spaß)
- Filzstifte, Wasserfarben oder Wachsmalstifte
- Tonkarton

Lernziele

✓ als Teil einer Gruppe arbeiten, sich abwechseln und gerecht teilen können
✓ den Wortschatz erweitern
✓ einfache Fragen stellen können
✓ sprachliche Ausdrücke für Größe wie z. B. „groß" oder „klein" verwenden können
✓ einfache Merkmale von Gegenständen und Ereignissen beschreiben können
✓ Unterschiede und Gemeinsamkeiten genau beobachten können
✓ Stempelwerkzeuge mit zunehmendem Selbstvertrauen anwenden können
✓ auf das, was man sieht, reagieren können
✓ eigenen Ideen Ausdruck verleihen können

Das tun Sie

1. Stellen Sie den Spiegel in der Nähe der Bastelecke auf und legen Sie den Tonkarton, die Stifte und die Marker dazu. Führen Sie in diese Aktivität ein, indem Sie die Kinder dazu animieren, sich im Spiegel zu betrachten und das, was sie sehen, zu benennen. Sie

können auch beginnen, indem Sie ihnen einige interessante Hüte, Brillen, Masken oder Ketten anbieten, um zum genauen Betrachten anzuregen.

2. Wenn sich die Kinder daran gewöhnt haben, in den Spiegel zu sehen und zu beschreiben, was sie sehen, können Sie sich mit einer kleinen Gruppe zusammensetzen und über die Gesichter sprechen, die sie im Spiegel sehen. Verwenden Sie das dafür notwendige Vokabular –, wie z. B.: *Augenbrauen, Locken, Wangen, Wimpern, Sommersprossen, Nasenlöcher* – um das Beschreiben der eigenen Merkmale zu fördern. Regen Sie an, dass die Kinder auch die Farbe der Merkmale benennen, ganz besonders von Augen und Haaren, und auf so viele Details wie möglich achten. Das wird ihnen dabei helfen, das eigene Bild von den Bildern der anderen während des Spiels „Rate mal, wer das ist?" zu unterscheiden.
3. Stellen Sie den Kindern jetzt Wasserfarben und Filzstifte für die individuellen Bilder zu Verfügung. Prüfen Sie, ob die Kinder auch Farben in den verschiedenen Hautfarben zur Verfügung haben, und helfen Sie den Kindern, weitere Farben zu mischen, falls sie sie brauchen.
4. Wenn die Bilder fertig sind, vergessen Sie nicht, sie **auf der Rückseite** mit Namen zu versehen. Schneiden Sie die Porträts aus und hängen Sie sie an die Leine.
5. Spielen Sie ein Spiel, bei dem abwechselnd ein anderer sagt: „Ich denke an jemanden mit blauen Augen." Zeigen Sie dann nacheinander auf jedes Bild an der Leine und fragen Sie: „Glaubt ihr, es könnte diese Person sein?" Wenn die Antwort „Nein" ist, entfernen Sie das Bild. Wiederholen Sie den Prozess, bis die Kinder zum richtigen Porträt kommen.

Weiterführende Ideen

- Wenn die Kinder geschickter werden, können Sie sie auch dazu animieren, Fragen über das Gesicht, an das Sie denken, an Sie zu richten: „Hat die Person eine gelbe Haarspange?"
- Spielen Sie das Spiel „Ich denke an ..." mit einer beliebigen Auswahl an Bildern – von Autos, Tieren, Berufen. Oder verwenden Sie eine Sammlung von Vögeln, Blumen oder Schmetterlingen mit unterschiedlichen Farben oder Mustern.

Die Straßen der Stadt hinauf und hinab

Verwenden Sie Fotos aus der näheren Umgebung, um den Kindern zu helfen, sich mit Lage und Lagebeziehungen auseinanderzusetzen, und um das Gefühl für Raum zu fördern.

Das brauchen Sie

- eine Wäscheleine und Wäscheklammern
- Tonkarton, um Ladenschilder und passende Bildkarten herzustellen
- Farben und/oder Filzstifte
- Kleber
- Klemmbretter, Stifte und Taschen, um diese mit auf einen Spaziergang zu nehmen
- eine Digitalkamera

Lernziele

- ✓ mit anderen interagieren, Pläne und Aktivitäten verhandeln und sich in der Unterhaltung abwechseln können
- ✓ erste bekannte Wörter wiedererkennen können
- ✓ eine einfache Reise beschreiben können
- ✓ beobachten und Sprache zur Lagebestimmung verwenden können
- ✓ sich zu dem Ort, an dem die Kinder leben, äußern können und Fragen dazu stellen können
- ✓ Unterschiede zwischen den Merkmalen der näheren Umgebung feststellen können

Das tun Sie

1. Zu dieser Aktivität gehört auch ein Spaziergang in der örtlichen Gemeinde. Sorgen Sie für die notwendigen Einverständniserklärungen und für einige Erwachsene, um Sicherheit und „Gesprächszeit" gewährleisten zu können.
2. Sprechen Sie mit den Kindern über die Läden und andere Gebäude in der Nähe Ihrer Einrichtung. Unterhalten Sie sich über die unterschiedlichen Wege und Straßen in der

Nähe und darüber, welche der Gebäude die Kinder kennen und bereits besucht haben. Nehmen Sie Läden, Unternehmen, Büros, religiöse Orte, Klinken usw. hinzu.

3. Wenn es in Ihrer Nähe verschiedene interessante Straßen gibt, dann entscheiden Sie gemeinsam mit den Kindern, welche davon bei dieser Aktivität besucht werden sollen. Besuchen Sie mit den Kindern eine Reihe von Gebäuden, achten Sie dabei auf die Namen der Läden und auf andere Namen, darauf, was dort verkauft wird oder welche Dienstleistung angeboten wird. In welchem räumlichen Verhältnis stehen die Läden zueinander? Nehmen sie einige Klemmbretter und digitale Kameras mit, um aufzuzeichnen, was sie sehen. (Selbst die kleinsten Kinder können so etwas schon mit Bildern oder einfachen Karten festhalten.)
4. Sammeln Sie „Erinnerungen" an die Läden, eine Terminkarte vom Friseur oder eine Broschüre von der Bank. Ein Anfänger unter den Lesern wird das Logo auf einer Papiertüte des Bäckers leichter lesen können als den gedruckten Namen über dem Geschäft.
5. Wenn Sie zu Ihrer Einrichtung zurückkehren, dann können Sie einfache Geschäftsansichten aus Karton machen. Bemalen Sie diese mit Farbe oder Filzstiften und ergänzen Sie die Namen der Geschäfte.
6. Wenn die einzelnen Läden fertig sind, arbeiten Sie mit den Kindern zusammen, um sie in der richtigen Reihenfolge an die Wäscheleine zu hängen. Ermutigen Sie die Kinder dazu, ortsbestimmendes Vokabular wie „neben" zu verwenden. „Lesen" Sie entlang der Bilderreihe.

Weiterführende Ideen

- Verwenden Sie Ihre Fotos, um einen passenden Set Karten herzustellen, den man auf dem Teppich oder dem Tisch in die richtige Reihenfolge bringen kann.
- Stellen Sie Fragen zu den Orten – „Welches Geschäft befindet sich neben dem Bäcker?" usw.
- Bauen Sie mit einigen großen Kartons (z. B. von Waschmaschinen oder Ähnlichem) eine Rollenspielstraße im Garten auf. Streichen Sie die Kisten mit Emulsionsfarbe an, damit sie länger halten.

Chinesischer Drachen

Feiern Sie das chinesische Neujahrsfest mit einer kreativen Wäscheleine, bei deren Herstellung alle mithelfen können.

Das brauchen Sie

- eine Wäscheleine und Wäscheklammern
- Material für Collagen, Papierservietten, Glitzer, Perlen usw.
- ein langes Stück leichter Stoff
- Pappteller
- Kleber, Filzstifte, Scheren,
- Bücher mit Bildern chinesischer Drachen
- Instrumente zum Tanzen

Lernziele

✓ ein Gefühl der Zugehörigkeit entwickeln
✓ den Wortschatz so erweitern, dass er die Weite der Erfahrungen widerspiegelt
✓ Handlungen oder Gegenstände, die nicht bewegt werden können, zählen
✓ ein Bewusstsein für die Kultur und den Glauben anderer entwickeln
✓ sich mit Aktivitäten befassen, bei denen es auch auf die Hand-Auge-Koordination ankommt
✓ verstehen, dass unterschiedliche Medien kombiniert werden können
✓ Bewegungen als Reaktion auf Musik nachahmen und hervorbringen können

Das tun Sie

1. Betrachten Sie mit den Kindern einige Bilder von chinesischen Drachen, Drachenfiguren, Statuen und Neujahrsdrachen. Sprechen Sie mit den Kindern über das chinesische Neujahrsfest und darüber, warum man in China glaubt, Drachen brächten Glück.

2. Sehen Sie sich gemeinsam mit den Kindern an, wie ein Neujahrsdrache tanzt – und dass viele Menschen zusammenarbeiten müssen, damit er anfängt, sich zu bewegen. Erklären Sie den Kindern, dass die chinesischen Drachen zu Percussion-Musik tanzen und dass man selbst auch als Gruppe zusammenarbeiten könnte, um einen Drachen zu basteln und ihn dann tanzen zu lassen.
3. Zeigen Sie den Kindern das Material für die Collagen und die Pappteller. Sie könnten sich auch die Titelseite dieses Buches ansehen, um auf weitere Ideen zu kommen! Arbeiten Sie gemeinsam mit den Kindern bei der Dekoration der Pappteller nach den Wünschen der Kinder. Jeder Teller wird später ein Segment des Drachenkörpers sein. Ein Kind kann für den Kopf des Drachens noch Augen und Zähne hinzufügen.
4. Hängen Sie den leichten Stoff über die Wäscheleine und fixieren Sie die Enden mit Wäscheklammern.
5. Jetzt wählt jeder zwei bunte Wäscheklammern, um den eigenen Teller als Körper des Drachens an die Wäscheleine zu klammern. Die Wäscheklammern geben eine gute „Wirbelsäule“ ab und der Stoff ist ein „Rock“ für den Drachen.
6. Ergänzen Sie noch den Kopf des Drachens und Luftschlangen oder ein Band als Schwanz.
7. Die Kinder können den Drachen zum Tanzen bringen, indem sie entweder vorsichtig mit ihren Fingern an der Wäscheleine ziehen oder sich unter den Stoff stellen.
8. Die anderen Kinder können Drachenmusik machen, indem sie auf den Schlaginstrumenten spielen.

Weiterführende Ideen

- Diese Methode kann auch für die Herstellung von Raupen, Schlangen oder Zügen verwendet werden.
- Das Dekorieren von Papptellern ist sinnvoll für Zahlenspiele. Sie können Zahlenetiketten ergänzen oder nummerierte Teller verwenden, mit denen die dekorierten Teller ergänzt werden.
- Nehmen Sie den Drachen von der Wäscheleine und lassen Sie ihn zu Begleitmusik zu einem Spaziergang oder Tanz in Ihrer Einrichtung oder im Garten los.

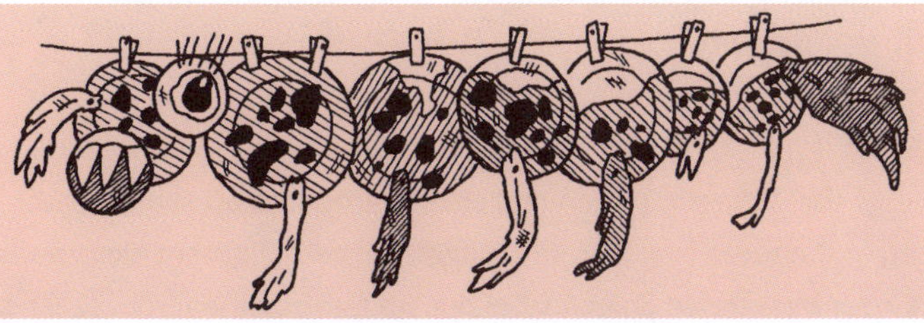

Rätselhafte Fenster

Lassen Sie die Kinder Farbmischungen, Transparenz und Lichteffekte mit Zellophan und farbigem Plastik entdecken.

Das brauchen Sie

- eine Wäscheleine und Wäscheklammern
- Zellophanbögen (in der Größe DIN A4)
- weißen, roten und blauen Tonkarton
- Scheren
- eine Auswahl transparenter Gegenstände (Lebensmittelverpackungen, Küchenzubehör aus Plastik, Dekorationen)

Lernziele

✓ ein größer werdendes Spektrum an Wörtern verwenden, um Vorstellungen auszudrücken/auszuführen

✓ Sprache dazu verwenden können, Gedachtes, Vorstellungen und Ereignisse zu organisieren und zu verdeutlichen

✓ den Wortschatz erweitern

✓ sich mit den Eigenschaften von lebendigen Wesen, Gegenständen und Ereignissen, die beobachtet werden, auseinandersetzen und diese benennen können

✓ erforschen, was passiert, wenn man Farben mischt

Das tun Sie

Für diese Aktivität sind Vorbereitungen und ein einführendes Spiel notwendig. Legen Sie die Zellophanbögen und andere transparente Gegenstände bei gutem Licht auf den Tisch und regen Sie die Kinder zum freien Spiel an. Setzen Sie sich zu ihnen, sodass Sie sich mit ihnen über das, was passiert, wenn man durch die Bögen blickt, unterhalten können. Probieren Sie auch aus, weiße Gegenstände hinter die Bögen zu legen und dann hindurchzusehen.

1. Hängen Sie nun roten und gelben Tonkarton an die Wäscheleine. Sprechen Sie mit den Kindern über die Farben. Halten sie ein Spielzeug hinter den Tonkarton und fragen Sie die Kinder, ob sie wissen, was Sie versteckt haben (probieren Sie es mit einem weißen Auto oder einem rosafarbenen Teddy aus). Können Sie durch die Karten sehen?
2. Hängen Sie ein blaues Stück Zellophan neben den Tonkarton an die Leine. Wenn Sie ein Spielzeug dahinter hochhalten, wissen die Kinder dann, was Sie verstecken? Warum? Was ist der Unterschied zwischen dem Zellophan und dem Tonkarton? Führen Sie die Begriffe „durchscheinend“, „transparent“ und „durch etwas hindurchsehen“ ein. Welche Farbe scheint das Spielzeug hinter dem Zellophan zu haben?
3. Hängen Sie jetzt ein gelbes Stück Zellophan auf. Ist es transparent oder durchscheinend? Kann man hindurchsehen? Welche Farbe scheint ein Spielzeug zu haben, das dahinter verborgen wird?
4. Experimentieren Sie mit Tonkarton, Zellophan und unterschiedlichen Spielzeugen. Welche Farben kann man erzeugen?
5. Lassen Sie die Kinder Löcher in den Tonkarton schneiden (dabei müssen Sie den Kindern vielleicht ein bisschen helfen). Hängen Sie diese vor das Zellophan, um Bilder mit farbigen Fenstern zu machen. Lassen Sie die Kinder mit dem Tonkarton und dem Zellophan experimentieren, um herauszufinden, was sie dabei entdecken können.

Weiterführende Ideen

- Probieren Sie auch aus, Farben in den Grundfarben zu mischen, um neue Farben zu erhalten.
- Lesen Sie eine Geschichte vor, in der es um Farbmischung geht.
- Erstellen Sie für die Kinder eine Sammlung von Materialen, die sie nach „transparent“ und „nicht transparent“ sortieren können.
- Verwenden Sie einen Overheadprojektor, um Farben durch Gegenstände und Zellophan zu projizieren.

Stoffuspokus Simsalabim!

Verwenden Sie Stoff in kurzen Längen, um die Kreativität und Fantasie zu fördern, während die Kinder auf die Muster, die Textur und die Farbe reagieren.

Das brauchen Sie

- eine Wäscheleine und Wäscheklammern
- Stoffstücke mit unterschiedlichen Mustern und Texturen, groß genug, dass ein Kind sie tragen kann. Die Stoffe sollten leicht sein und sich leicht knoten, festklammern oder befestigen lassen
- weiche Gürtel, Krawatten, Halstücher, Stoffstreifen, Haarbänder
- zusätzliche Wäscheklammern zur Befestigung

Lernziele

✓ als Teil einer Gruppe arbeiten
✓ mit anderen interagieren
✓ den Wortschatz erweitern
✓ Fantasie in Rollenspielen und Geschichten zeigen
✓ auch weiterhin interessiert, begeisterungsfähig und motiviert gegenüber dem Lernen sein
✓ mit Werkzeugen und Bastelmaterialien sicher und mit zunehmender Beherrschung umgehen können

Das tun Sie

1. Setzen Sie sich zu den Kindern und sehen Sie sich die Stoffe an. Sprechen Sie über Texturen, Muster und darüber, wie sich die unterschiedlichen Stücke anfühlen. Probieren Sie unterschiedliche Möglichkeiten aus, die Stoffe mit Wäscheklammern, Gürteln und

Stoffkrawatten zu befestigen, klammern, binden oder wickeln. Sie können den Kindern unterschiedliche Möglichkeiten, die Stoffe zu tragen, vormachen – um den Kopf, über den Schultern, um die Taille, mit Haarbändern an den Handgelenken befestigt usw.

2. Hängen Sie jedes Stück Stoff an einer Ecke an die Wäscheleine und lassen Sie die Kinder damit spielen.
3. Am Ende der Sitzung sollten Sie den Kindern die Gelegenheit geben, den anderen zu zeigen, was sie getan haben und wer sie waren. Sie können eine Geschichte mit einer Figur nacherzählen, ihre eigenen Requisiten finden und mitspielen, während Sie die Geschichte erzählen.
4. Prüfen Sie, ob die Stoffe nach dem Spiel wieder an der Leine hängen.

Oder:

1. Hängen Sie ein Stück hellfarbigen Stoff an die Wäscheleine.
2. Beleuchten Sie den Stoff mit einer starken Taschenlampe oder einem Overheadprojektor.
3. Lassen Sie die Kinder Schattenspiele gegen den Stoff ausprobieren, indem sie sich verkleiden oder Handpuppen und andere Gegenstände in ihren Händen gegen den Stoff halten.

Oder:

Hängen Sie ein Stück Stoff über die Wäscheleine, leuchten Sie mit einer Taschenlampe oder einem Overheadprojektor **hinter** den Stoff und lassen Sie die Kinder Schatten für andere machen – mit einer Geschichte, Handpuppen oder für ein Spiel „Kannst du erraten, was das ist?".

Weiterführende Ideen

- Sie können den Stoff auch für eine Tanzstunde verwenden, in der die Kinder einzeln, in Paaren oder in kleinen Gruppen arbeiten können und sich mit den Stoffstücken zu Musik, Reimen oder einer Geschichte bewegen.
- Verwenden Sie die Stoffe auch, um Trennwände oder Höhlen zu bauen. Hängen Sie den Stoff dazu über die Wäscheleine oder über einen Tisch. Oder Sie nutzen ihn als Hintergrund für Rollenspiele in kleinerem Rahmen.

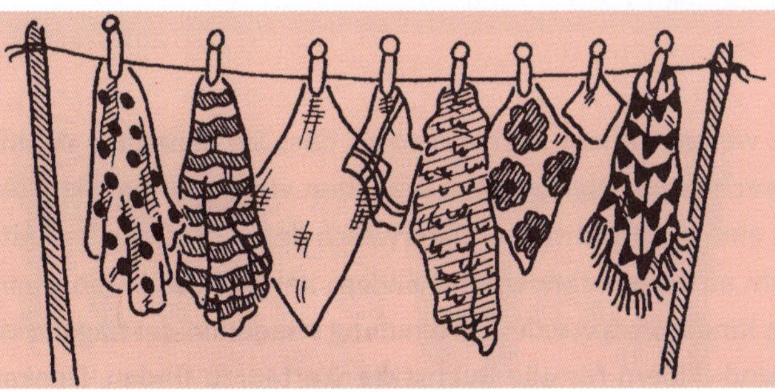

Notizen